Alessandro Stella

Il rapporto di coppia

nel XXI secolo

(amore, sesso e dintorni)

Ottobre 2014

ISBN-13: 978-1502592361

ISBN-10: 1502592363

Introduzione

Amore, sesso, matrimonio, famiglia. Su questi argomenti si potrebbe scrivere un'enciclopedia per poi accorgersi, alla fine della fatica, che tutto è cambiato.

In effetti sull'argomento sono davvero molti gli studi pubblicati, ma soffrono tutti dello stesso malanno: il contingentamento dei tempi. Cioè descrivono abbastanza bene la realtà nel momento in cui vengono pubblicati, ma la realtà cambia così in fretta da invalidare i risultati dello studio in pochissimi anni, un periodo di tempo troppo breve per una corretta e ampia diffusione dei risultati. A questo bisogna aggiungere il fatto che le persone non sembrano amare l'approccio scientifico a tali argomenti e ciò ne rallenta ulteriormente la diffusione.

Così, tra estemporaneità dei concetti e indecifrabile avversione popolare, ciò che si ottiene è un errato o quanto meno inconsapevole approccio a tali concetti da parte di una buona fetta della società civile.

Vergogna, diffidenza, superficialità, perbenismo, religione, evoluzione naturale; i motivi che ostacolano una corretta e sana diffusione di certi argomenti possono essere ricercati in molteplici luoghi con alterne fortune.

Ma come può definirsi "civile" una società che stenta a instaurare un rapporto sereno e condiviso con l'amore o con il sesso? Non può.

Del resto è risaputo che non viviamo in una società civile compiuta, ma in un continuo tentativo di avvicinarci ad un concetto di civiltà che muta negli anni e che quindi risulta difficilmente raggiungibile. In questa continua evoluzione civile ci sono alcuni momenti storici caratterizzati da improvvise accelerazioni e altri contrassegnati da brusche decelerazioni. I rapporti che legano i due sessi sono uno di quegli argomenti che, negli ultimi 60 anni, sono stati sottoposti ad una di tali improvvise accelerazioni.

Un'accelerazione che ha prodotto una lacerazione nel

rapporto tra il sesso femminile e quello maschile che si è trasformata, negli anni, in vere e proprie guerre sessiste implicite. Una lacerazione talmente profonda che ultimamente ha causato un fenomeno così diffuso da meritare un nome proprio: *femminicidio.*

È dunque evidente che la società occidentale ha un problema. Un problema nato dall'evoluzione naturale dei rapporti che legano gli uomini e le donne.

Per centinaia di anni i rapporti tra i due sessi sono stati gestiti sempre nello stesso modo, più o meno statico. Negli ultimi 60 anni le cose sono improvvisamente cambiate. La donna ha acquisito più spazio e più autonomia, ma l'uomo non ha fatto in tempo ad adeguarsi perché il cambiamento è avvenuto troppo velocemente. Una donna che chiedeva il divorzio 60 anni fa riceveva una sorta di scomunica da parte di tutta la società. Oggi non è più così, la donna può chiedere il divorzio senza essere "unta", ma in compenso sono aumentati i rischi che quella donna venga uccisa dall'ex compagno. Non proprio un'evoluzione positiva.

È chiaro che qualcosa si è rotto.

È altrettanto chiaro che la rottura non è temporanea, ma definitiva, strutturale. Il rapporto tra uomo e donna deve essere ricostruito e bisogna farlo su nuove basi concettuali. Purtroppo gli occidentali si sono dimostrati ostili nell'accettare il nuovo "status quo" in quanto continuano a basare il proprio "modus operandi" su preconcetti ormai vetusti. Non ne siamo convinti? Vogliamo una prova di quanto radicati siano i nostri preconcetti?

Ci basta abbassare leggermente il livello della discussione e fare una banale riflessione. Immaginiamo di avere di fronte due esseri umani di 25 anni, un uomo e una donna, single, mai sposati, senza figli, eterosessuali. Ora immaginiamo di sapere che entrambi questi esseri umani abbiano fatto l'amore con 6 partner diversi negli ultimi 12 mesi; in pratica un nuovo partner ogni due mesi.

Il fatto che il maschio abbia avuto 6 donne diverse in 12 mesi passa quasi in sordina o, addirittura, diventa un titolo da esibire.

Ma cosa pensiamo della femmina?

Inutile far finta di non essere quello che siamo. Il nostro pensiero sulla femmina sarebbe: è una puttana!

Per quale motivo all'uomo è concesso un certo atteggiamento sessuale, mentre per una donna è un'onta quasi indelebile?

Quale è il motivo che sta dietro questa differenza di giudizio?

Certamente non è un motivo scientifico. Anzi, al contrario. Se dovessimo basarci sulla scienza potremmo anche scoprire che alla donna piace fare l'amore più che all'uomo.

Né possiamo accampare una motivazione "naturale" perché, anche in questo caso, potremmo scoprire che la natura muta e che quindi ciò che era "naturale" diecimila anni fa potrebbe non esserlo per nulla oggi. Potremmo altresì scoprire che gli impulsi sessuali di una donna sono "naturalmente" simili a quelli di un uomo e che proprio come un uomo, la donna, nel corso di 20 anni, cambia ripetutamente "gusti".

Dunque?

Quale è la reale motivazione in base alla quale è accettata pacificamente la notizia che un uomo abbia 6 partner in un anno, mentre è considerato quasi un sacrilegio lo stesso atteggiamento da parte di una donna?

La risposta è nella nostra millenaria educazione. Un'educazione che fatica ad adeguarsi al nuovo, alle nuove scoperte scientifiche e al mutamento repentino della società. Un'educazione che riempie i nostri giorni di preconcetti e abitudini che stridono con l'evoluzione umana. Un'educazione che, tra l'altro, può anche renderci infelici...

Appurata questa situazione non ci si può meravigliare se, alla fine di un rapporto di coppia, si verificano reazioni violente, soprattutto se ad andarsene è la donna. Sessanta anni non sono sufficienti a sradicare abitudini e consuetudini bloccate per migliaia di anni, in base alle quali è concesso all'uomo un atteggiamento sessuale non concesso alla donna. Purtroppo senza un adeguamento del nostro modo di pensare, è molto improbabile che i due sessi trovino pace, anzi è molto più probabile che le distanze aumentino sempre più con conseguenti aumenti delle cattiverie di fine rapporto e di pesanti ripercussioni sulla eventuale prole o di mutamenti nell'orientamento sessuale. Insomma, senza un cambiamento di direzione non si scorge un'uscita.

La strada che sembra meno dolorosa per dirigersi verso nuovi equilibri tra i due sessi è quella del mutuo soccorso: la donna dovrebbe rallentare il processo di emancipazione e l'uomo dovrebbe accelerare quello dell'accettare la nuova situazione. In questo modo i due sessi si potrebbero incontrare molto prima di quanto sembri possibile in questo momento per proseguire poi insieme. Tuttavia non sembra essere così semplice convincere la donna a rallentare e l'uomo ad accelerare.

Diventa sempre più chiaro che i *femminicidi* sono soltanto la punta di un iceberg ben più ampio e complesso fatto di sofferenze, lacrime, rabbia e sentimenti rancorosi taciuti o sfogati in altri modi.

Insomma, a costo di sembrare ripetitivi, sembra evidente la presenza di un problema relazionale tra i due sessi. Forse non c'è mai stata tanta distanza tra uomini e donne. Una distanza che causa evidenti problemi in ogni situazione (e sono tante) in cui i due sessi vengono in contatto. Cosa dire, ad esempio, della famiglia? E dei rapporti sul posto di lavoro? È chiaro che il cambiamento di atteggiamento della donna, avvenuto negli ultimi decenni, ha clamorose ed evidenti conseguenze su tutto l'insieme di intrecci che legano i due sessi.

Dunque... amore, sesso, matrimonio, famiglia, società civile, tutto ciò è parte di un ghiacciaio di incomprensioni che bisogna cercare di sciogliere in fretta. Per farlo o almeno per provarci, serve una nuova chiave di lettura, un modo per poter uscire da questa *impasse* in cui i due sessi si trovano da diversi anni. Per ottenere una nuova chiave di lettura sembra ci sia una sola strada percorribile: la conoscenza. Sarebbe decisamente auspicabile provare a conoscere un po' meglio l'amore e la sua complessità. Così facendo si potrebbe iniziare a intraprendere un percorso diverso, basato su un nuovo e più consapevole punto di vista.

Ma il cambiamento di prospettiva necessario allo scopo potrebbe essere molto sofferto.

Parenti serpenti

A nche i sentimenti sono spesso imparentati tra loro. L'amore di coppia, ad esempio, si porta dietro alcune ingombranti parentele. In particolare ha due sorelle e un fratellastro: Gelosia, Confidenza e Orgoglio. Sono parenti molto noti ai più, talmente noti che ne conosciamo distintamente le generalità. Ad esempio il fratellastro, il sig. Orgoglio, è preceduto dalla sua fama:

sentimento unilaterale ed eccessivo della propria personalità che isola l'individuo o ne altera i rapporti sociali o affettivi.

Un bel caratterino questo fratellastro.

Proviamo a riflettere su quello che accade alla fine di una relazione amorosa. Quasi sempre una relazione finisce per scelta di uno dei due partner, il quale, in genere, trae beneficio dalla fine della relazione, si sente liberato da qualcosa che lo teneva legato, chiuso, stretto, vincolato. Ognuno ha le proprie reazioni, ma in genere colui che pone fine al rapporto vive la situazione in modo abbastanza sereno se non, addirittura, liberatorio.

Ma cosa succede invece a chi subisce la decisione? Strazio. Dolore. Lacrime. A volte rabbia! Ci è mai capitato? Probabilmente si.

Quando veniamo abbandonati ci sentiamo distrutti, reagiamo in modo irrazionale e ognuno presenta reazioni personali, ma stranamente le frasi che tutti pronunciamo sono sempre le stesse: *"mi ha spezzato il cuore"*, *"ho il cuore in frantumi"* e così via... Siamo così perfettamente educati che ci siamo omologati: siamo tutti convinti che la ferita scaturita da un abbandono colpisca il cuore. Il nostro organo vitale!

Peccato che non sia proprio così.

Davvero il nostro cuore è ferito o addirittura infranto?

Chiaramente no, lo sappiamo tutti. È soltanto un "modo di dire". Sappiamo tutti quanti che il cuore non si può ferire né infrangere né gli si può ordinare di amare o di smettere di farlo. Insomma sappiamo tutti che non abbiamo alcun controllo sul nostro cuore né fisicamente né metaforicamente. Ma allora perché alla fine di una relazione è consuetudine parlare di "problemi di cuore" e perché, in certe situazioni di vita, nel modo di pensare e di parlare comune mettiamo l'accento sul cuore?

Solo perché cuore e amore fanno rima?

Non proprio.

Nelle lingue degli altri popoli questa rima non c'è, eppure anche per loro cuore e amore sono legati. Dunque il legame non è di tipo linguistico ed è diffuso in quasi tutte le popolazioni, ma deve pur esserci un qualche legame tra il cuore e l'amore.

Senza dubbio il legame esiste, ma non è un legame diretto.

C'è un intermediario che tiene i rapporti tra le parti e dovrebbe essere ormai chiaro di chi stiamo parlando: è il famoso fratellastro dell'amore, Orgoglio. Un sentimento che è in grado di modificare le nostre percezioni, ingannandoci e facendoci pensare di avere il cuore in frantumi o ferito.

Un cantautore italiano, forzando un po' la rima, ebbe modo di dire: «*orgoglio, ne ha rovinati più lui che il petrolio*». Ed è tremendamente vero.

L'orgoglio può interferire pesantemente sul nostro stato d'animo e il nostro stato d'animo può influenzare tutto il resto: appetito, adrenalina, libido, ecc, ecc.

È dunque inesatto dire *"ho il cuore in frantumi"* o, peggio, *"mi ha spezzato il cuore"*. Sebbene questo modo di dire sia diffuso in prosa, in poesia e in ogni altra forma di espressione, il suo fine ultimo è quello di addossare ad un'altra persona una nostra palese debolezza: l'incapacità di accettare il fatto che da domani non potremo più baciare, toccare, amare l'essere umano che più stimola i nostri desideri. Siamo spesso troppo deboli per affrontare questo pensiero e le sue conseguenze. Tendiamo quindi ad evitarlo o, nel peggiore dei casi, a rifiutarlo. Ma il rifiuto scatena rabbia, rancore e tutta una serie di istinti e sentimenti negativi che possono condurci alla temporanea perdita del senno; una situazione molto pericolosa che andrebbe sempre evitata, figlia della nostra incapacità di accettare la realtà. Un po' come fanno gli struzzi quando il leone non è più evitabile: testa sotto la sabbia e il pericolo "scompare". Già, peccato che noi siamo... umani!

Può risultare molto complicato elaborare quanto appena evidenziato. Non è per niente facile rendersi conto che quel sottile e furibondo dolore che nasce irrefrenabile nel momento dell'abbandono è frutto del nostro orgoglio. Ma in certi casi noi umani abbiamo un alleato formidabile: la ragione.

Possiamo forse razionalmente negare il fatto che se il cuore decide di amare, noi non possiamo farci niente? Allo stesso modo, possiamo negare il fatto che non siamo in grado di impedire al nostro cuore di smettere di amare?

Dunque se il nostro partner smette di amarci ... che colpa ne ha? E che colpa ne abbiamo noi?

Nonostante la risposta a tali domande sia palese, da secoli insistiamo ad accusare chi se ne va di averci *"spezzato il cuore"*, di averci trattato da schifo e tutta una serie di angherie senza fine.

La verità è che, tranne in alcuni casi particolari, non esiste nessuna colpa e tutto quel dolore che proviamo è frutto esclusivamente del nostro orgoglio ferito! Insomma il dolore non è causato da chi abbandona né dalla ferita al cuore, ma dall'orgoglio di chi viene abbandonato.

Abbiamo mai chiesto al nostro cuore il perché abbia deciso di innamorarsi di una persona? Ci ha mai risposto? No, certo che no. Il cuore non risponde mai a certe "stupide" domande. Allo stesso modo quando smette di amare non ci dice perché; smette e basta.

Dunque perché ci intestardiamo nel chiedere a chi ci abbandona il perché di tale gesto? Non abbiamo forse anche noi un cuore? Non sappiamo quindi anche noi che... "al cuor non si comanda"? Se il nostro partner ha smesso di amarci a cosa serve conoscerne il motivo? Qualunque sia il motivo non c'è un rimedio. Sapere per poi curare può avere un senso in medicina o in tanti settori dello scibile umano, ma in amore non c'è cura alla fine del sentimento. Non ha dunque alcun senso cercare di capire il perché sia finito un amore.

Può invece avere un senso riflettere sui motivi che ci spingono ad avere un certo tipo di reazione di fronte ad un certo tipo di situazione. Noi per mesi o per anni abbiamo detto di amare una persona, ma appena quella persona decide di allontanarsi da noi, ecco che all'improvviso quell'amore si trasforma in tutt'altro! A volte rancore, a volte odio.

Perché?

La risposta è durissima da accettare: noi non amavamo quella persona! Il nostro amore era soltanto la rappresentazione romantica del nostro egoismo. Stavamo insieme a quella persona perché ciò ci faceva stare bene, non perché amavamo quella persona!

C'è una sottile e importantissima differenza tra lo stare bene con una persona e amare una persona. Nel primo caso, di gran lunga il più diffuso, noi crediamo fermamente di amare il nostro partner, sentiamo esattamente le stesse emozioni che scatena l'amore, ma non ne siamo innamorati realmente; siamo solo temporaneamente drogati dal nostro egoismo. Stiamo con quella persona solo perché ne traiamo giovamento.

Se invece siamo davvero innamorati di una persona, allora vogliamo il suo bene al di sopra di ogni altra cosa, anche del nostro stesso bene e se è così, sarà ben difficile avere reazioni violente nel momento della fine del rapporto.

Un paragrafo a parte merita il caso in cui ad essere abbandonato è il maschio. Non tutti gli uomini, infatti, hanno metabolizzato in modo sano il cambiamento del rapporto tra i due sessi. Quando un maschio viene abbandonato può accadere che si sprigionino istinti primordiali, pericolosi e subdoli, sospinti da secoli e secoli di sopraffazioni perpetrate dall'uomo sulla donna. Il pensiero più pericoloso, tra i tanti che passano per la mente di un uomo abbandonato, è il pensiero del sesso perché è la rappresentazione primordiale del possesso. Del resto la parola sesso è una parte della parola possesso. Ci sono uomini che impazziscono seguendo questo pensiero. Ecco perché, ogni uomo, prima di iniziare un rapporto, dovrebbe esaminarsi con estrema attenzione e ipotizzare il caso in cui la propria compagna lo abbandoni per un altro uomo. Ogni uomo è esplicitamente invitato in questa sede a pensare con estrema serietà a tale ipotesi. Se le reazioni a tale ipotesi sembrano eccessive, allora potrebbe essere un'ottima idea rivolgersi ad uno psicoterapeuta che sarà in grado di valutare con mezzi idonei tali reazioni e, eventualmente, depotenziarle.

Più rara invece una reazione incontrollata da parte di una donna, ma non bisogna dimenticare i tanti casi di evirazione tentati o riusciti che si sono verificati negli ultimi anni. Quindi, anche se è più raro, sarebbe opportuno che anche le donne ipotizzassero l'abbandono e cercassero di indagare le proprie reazioni davanti ad una tale situazione.

Più avanti, in questo testo, vedremo che tutte le reazioni e le domande ipotizzate in questo capitolo possono essere frutto di un amore malato. Se il sentimento è sano, infatti, non avrebbe senso porsi tali domande...

Ritornando a parlare di orgoglio, bisognerebbe essere più forti e più sinceri con noi stessi. Bisognerebbe dire *"ho l'orgoglio a pezzi"* e lasciare in pace il cuore. Bisognerebbe capire che se il nostro partner interrompe la relazione con noi non ferisce il nostro cuore perché non può farlo. Ferisce invece il nostro orgoglio che, al contrario, è estremamente suscettibile e, quindi, vulnerabile. In altre parole chi ci abbandona non ci crea un danno diretto, ma tramite il nostro orgoglio può produrre, indirettamente, danni davvero importanti. Insomma questo fratellastro di nome Orgoglio va conosciuto e, in qualche modo, controllato. Per costringere l'orgoglio in un recinto definito può essere molto importante accettare pacificamente e profondamente alcune verità taciute e scomode, tra cui le seguenti:

- Non si può decidere un bel niente in amore
- L'amore non è un progetto
- L'amore è come la vita: è adesso

Più in generale, sarebbe opportuno accettare il fatto che l'amore di coppia è un sentimento estremamente complesso composto da un insieme variabile di reazioni chimiche, fisiche e biologiche. Esso vive senza alcun padrone, quindi senza alcun controllo e, soprattutto, come inizia così può finire.

Bisogna accettare queste dure verità prima di iniziare un qualsiasi rapporto d'amore. Bisogna farlo perché non c'è alcun altro modo di intendere e quindi di vivere l'amore. Se usiamo altri sistemi, ci stiamo solo preparando a immani sofferenze. Tuttavia, anche riuscendo a controllare l'orgoglio, non sarà possibile controllare il dolore che scaturisce dalla fine di una relazione d'amore perché quando muore un amore muore anche sua sorella, Confidenza. Infatti, oltre all'orgoglio e a tutte le sue pazzie, c'è un altro aspetto da prendere in considerazione quando finisce un amore: la perdita della confidenza. Confidenza prettamente sessuale se non si viveva sotto lo stesso tetto; confidenza anche di vita quotidiana se invece si viveva insieme.

Se il rapporto è durato abbastanza a lungo, quello che succede è che si crea un livello di confidenza molto alto, più che fraterno. La perdita della confidenza è quella parte di dolore che è pressoché impossibile controllare. Se si è avuto il tempo di affiatarsi e spogliarsi di tutte le armature che noi umani portiamo addosso durante la vita quotidiana, allora la fine della relazione diventa davvero difficile da vivere. Saremo costretti a dormire soli in un letto che sentiremo troppo grande e freddo; saremo costretti a lavare una sola tazza la mattina; saremo costretti a non sentire più certi odori e certi suoni. Saremo insomma costretti a sentirci soli, almeno all'inizio, almeno per un periodo di tempo.

La perdita della confidenza è davvero traumatica, è il vero trauma di una separazione e colpisce entrambi i partner, sia chi abbandona sia chi viene abbandonato. Tuttavia questo tipo di sofferenza non produce quasi mai reazioni contro il partner. È quasi sempre implosiva, agisce solo dentro di noi. Quindi non riuscire a controllare questo tipo di sofferenza non causa danni a terzi, il danno rimane tutto dentro di noi. Invece quando non si riesce a tenere sotto controllo gli istinti scatenati dalla ferita dell'orgoglio, la sofferenza che ne segue produce reazioni quasi sempre violente e sempre rivolte contro il partner. Ecco perché è molto importante conoscere le nostre eventuali reazioni istintive causate da una ferita al nostro orgoglio: se le conosciamo, le possiamo dominare.

Sembra tutto così ragionevole, ma le conseguenze di queste affermazioni saranno esplosive! E non abbiamo ancora finito.

Oltre alla sorella Confidenza e al fratellastro Orgoglio, foriero di tutte le nefandezze di cui abbiamo parlato, l'amore ha un'altra sorella, Gelosia. Anche di questa sorella conosciamo bene le caratteristiche:

sentimento tormentoso provocato dal timore, dal sospetto o dalla certezza di perdere la persona amata ad opera di altri.

Sentimento tormentoso... timore... perdita... Insomma, parliamoci chiaro, l'amore avrebbe potuto scegliersi dei parenti migliori! Ah, giusto, non li ha scelti, gli sono toccati...

Gelosia è la sorella bisbetica dell'amore.

Ostile, arcigna, difficile da sradicare e sempre pronta a resuscitare. Si presenta sotto forme sempre nuove e mutevoli, ma la faccia più pericolosa di questo sentimento è la gelosia sessuale o, più precisamente, la gelosia del possesso che può diventare (e spesso diventa) morbosa, a tratti ossessiva e trasformarsi, nei casi più gravi, in una vera e propria malattia. Quando questo tipo di gelosia si impossessa di noi, i nostri atteggiamenti diventano assolutamente invadenti e possiamo facilmente sconfinare nello stalking. In tale situazione ciò che maggiormente turba i nostri pensieri è il sesso. Non il sesso che abbiamo fatto e che, ahinoi, abbiamo perso; no, pensiamo ai rapporti sessuali che il nostro ex partner potrebbe avere, o che certamente ha, con un'altra persona. E ci pensiamo insistentemente, tanto che lo stomaco si contorce in mille ruscelli e il sonno si trasferisce in altri lidi ben lontani dai nostri; il nostro mondo sparisce e i nostri pensieri si addensano tutti sul sesso.

Se tale situazione perdura sufficientemente a lungo, può facilmente condurre alla follia. Una follia molto diffusa, troppo diffusa anche se colpisce molto più frequentemente il maschio rispetto alla femmina.

Insomma, quando finisce un rapporto d'amore, la gelosia del possesso diventa un mostro dalle mille teste in grado di invadere la nostra esistenza senza lasciarci neanche lo spazio per respirare.

Parliamoci chiaro: non è del tutto rassicurante essere affetti da questo tipo di gelosia perché, se veniamo catturati da certi morbosi pensieri, molto probabilmente non abbiamo ben chiaro, dentro di noi, un concetto chiave: non possiamo comprare né possedere un altro essere umano. Non possiamo farlo con la forza e neanche con la legge. Gli esseri umani, nel mondo occidentale al quale apparteniamo o in mondo primordiale privo di stati e di leggi, sono liberi! Liberi, se lo desiderano, di fare l'amore con 3 persone al giorno o di farlo con 3 persone in tutta la vita. Affermazioni teoricamente ovvie e condivise da tutti, ma che nella realtà sono ben lungi dall'essere accettate pacificamente. A chiacchiere siamo tutti d'accordo, ma quando poi ci capita di vivere la situazione sulla nostra pelle, tutto cambia.

Se pensiamo di poter vincolare le scelte altrui, se siamo convinti che ciò che è sarà per sempre, se ragioniamo secondo i vecchi sistemi patriarcali (o forse bisognerebbe dire maschilisti), non dobbiamo restare sorpresi quando la gelosia del possesso ci farà visita, perché lo farà. Se l'aspettativa è che una cosa non finisca, è chiaro che la reazione alla sua fine potrebbe non essere pacifica; se abbiamo pensieri in base ai quali una donna, una volta terminata la relazione che aveva con noi, non può più fare l'amore con altri esseri umani, non possiamo meravigliarci che la nostra esistenza sia intrisa di questa pericolosa gelosia del possesso.

Insomma, se la nostra cultura resta inchiodata a 2000 anni fa mentre tutto intorno a noi viaggia verso il futuro alla velocità della luce, non c'è da stupirsi che le cose vadano male.

La cosa triste da constatare è che questo piccolo libretto, privo di pretese, come anche tutti gli altri libri che affrontano il problema in modo molto più scientifico, serio, ampio e sapiente, non cambieranno le cose, perché le persone che avrebbero bisogno di leggerli non li leggeranno in quanto non leggono o perché leggono solo i giornali che trovano buttati nei bar la mattina oppure perché si reagisce con sdegno e rifiuto ai concetti qui espressi.

Magari sarebbe utile distribuire gratuitamente certi testi sui tavolini dei bar invece di poggiarci sopra sempre e solo quotidiani e riviste sportive.

Intanto torniamo alla gelosia del possesso e osserviamo come possa bastare la seguente semplice riflessione per verificare quanto folle sia il concetto stesso di gelosia in amore: se noi amiamo una certa persona è altamente probabile che non saremo gli unici ad amarla.

Se infatti la riteniamo speciale è ragionevole attendersi che non saremo gli unici a ritenerla speciale. Insomma, se una persona merita le nostre attenzioni è lecito attendersi che meriti le attenzioni di tante altre persone. Sarà una sua scelta, non nostra, decidere da chi accettare le attenzioni e da chi no. E non possiamo certo giudicarla o, peggio, condannarla se decidesse di accettare le attenzioni di qualcuno che non siamo noi.

Se tutto ciò non è chiaro dentro di noi, allora è opportuno pensarci molto bene prima di iniziare un rapporto d'amore, pensarci molto bene. Tra l'altro la gelosia porta con sé la paura e la paura esiste solo se non abbiamo chiara la realtà dei fatti: l'amore non è (quasi mai) per sempre.

Un altro famoso cantautore italiano in un suo brano musicale ha parlato di ciò che resta del sesso: «*"non va più via l'odore del sesso che hai addosso, si attacca qui all'amore che posso…"*». Una rima che sembra suggellare quanto forte e radicato sia il legame che crea il sesso nel pensiero collettivo.

Ma la gelosia del possesso è astuta e si insinua in ogni dove, anche nel passato del nostro partner, un passato che, per definizione, non possiamo "possedere" perché noi non c'eravamo. In effetti siamo capaci di essere gelosi di ciò che la nostra metà ha vissuto prima che noi ci palesassimo nella sua esistenza. Tanti gli amici e i conoscenti che soffrono di questo tipo di gelosia. Un tipo di gelosia subdola e talmente intrinseca che sembra quasi connaturata in alcuni di noi, ma che è chiaramente frutto della società che ci ha cresciuti ed educati. Una gelosia che puntualmente si scioglie al cospetto della ragione. Facciamo la prova?

Ammettiamo di vivere una relazione.

Non siamo forse innamorati del nostro partner? Si, certo che si, è ovvio! Se ne siamo innamorati è fuori da ogni ragionevole dubbio che lo riteniamo una persona speciale, una persona diversa, una persona da amare. Insomma le caratteristiche del nostro partner sono esattamente (o quasi) quello che stavamo cercando!

Molto bene.

Ma, di grazia, se davvero proviamo queste cose per quello che è il nostro partner, come possiamo non accorgerci che egli è quello che è proprio perché ha vissuto quello che ha vissuto?

In altre parole, se noi amiamo il nostro partner stiamo amandone anche il passato, perché se quel passato non ci fosse stato, la persona che amiamo sarebbe stata diversa da come è e, con ogni probabilità, se fosse stata diversa da come è non l'avremmo amata!

Non c'è nessun dubbio che sia esattamente così.

Amore, le sue sorelle Confidenza e Gelosia e il loro fratellastro Orgoglio sono una miscela esplosiva molto difficile da controllare. Per farlo bisogna intervenire geneticamente sul nostro modo di pensare, bisogna cambiare punto di vista e scegliere un nuovo punto di partenza.

Un nuovo punto di partenza

Se quello che ci siamo detti nel capitolo precedente è accettato come ragionevole, diventa evidente che serve un nuovo punto di vista sull'amore e, più in generale, sui rapporti che intercorrono tra i due sessi.

Innanzitutto, per meglio capire dove andare, può essere utile comprendere da dove veniamo.

L'amore di coppia è universalmente riconosciuto come "amore". Cioè quando noi usiamo il termine "amore" intendiamo implicitamente riferisci all'amore di coppia. In questo capitolo useremo quindi il termine "amore" come sinonimo di "amore di coppia" e tale amore, se vero e sincero, nell'immaginario collettivo dovrebbe essere eterno.

Quale inganno più dannoso!

Il mito dell'amore eterno ha origini antiche.

Tralasciamo le ben note e spesso poco edificanti vicissitudini storiche del genere umano, tra cui la riduzione in uno stato di semischiavitù della donna e tante altre splendide nefandezze. Osserviamo invece l'uomo nella sua evoluzione socioculturale. Per migliaia di anni gli esseri umani hanno vissuto tutta la vita rimanendo in contatto con le stesse poche decine di persone. Inoltre l'aspettativa di vita era ben inferiore a quella attuale: ad Atene era di circa 40 anni; a Roma era di circa 55 anni. In tale situazione le conoscenze dell'altro sesso e di sé stessi erano decisamente limitate e la cultura media, se confrontata con quella attuale, era drammaticamente bassa. Diventava dunque "naturale" accoppiarsi con una persona della propria tribù e rimanerci insieme una vita intera: non si aveva la possibilità di fare molti confronti e, nello stesso tempo, si aveva la necessità di mantenere un ordine nella collettività. A questo bisogna aggiungere la situazione di parziale o totale sottomissione della donna all'uomo, il quale, a differenza della donna, poteva fare un po' quello che gli pareva. È nato così il mito dell'amore eterno.

Nient'altro che un mito e anche un po' squallido, visto che è fondato sull'ignoranza diffusa e sulla sottomissione femminile. In ogni caso un mito nato in un'altra epoca, con altre esigenze.

La natura è però mutevole.

Tutto cambia. Così, nel mondo occidentale, tutto ciò che era "naturale" e che conduceva al sodalizio eterno tra un uomo e una donna è cambiato. Drasticamente.

Oggi è difficile trovare un occidentale che non abbia mai viaggiato, che non abbia una buona conoscenza di sé stesso e di una moltitudine di altri suoi simili e che non abbia una sufficiente cultura. I viaggi sono diventati molto semplici da organizzare, hanno un costo sostenibile per quasi tutti e ci portano a conoscere migliaia di persone, di abitudini, di culture, oltre a indurre una maggiore conoscenza di noi stessi.

Inoltre la scienza e le sue innumerevoli scoperte, negli ultimi decenni, hanno influenzato pesantemente le nostre convinzioni e continuano a farlo; la cultura di base della massa popolare è molto più elevata di quanto non fosse appena 60 anni fa.

In tutto questo turbinio di cambiamenti sociali, alcune abitudini, consuetudini e idee cambiano in fretta, altre invece stentano a modificarsi. L'dea dell'amore è una di queste ultime.

Noi siamo educati e veniamo cresciuti con il sogno dell'amore eterno. Un sogno che però, come abbiamo visto, poteva essere valido quando le donne vivevano e pensavano in un certo modo. Un modo non più valido da diversi decenni. Da tempo infatti le donne hanno modificato il loro modo di vivere e di pensare, hanno combattuto per ottenere un diverso riconoscimento del loro ruolo nella società e non hanno alcuna intenzione di tornare indietro. Pertanto gli equilibri che consentivano ad un "amore" di tenere insieme una coppia per tutta una vita, non sono più validi. Proprio per niente. La dimostrazione di quanto ciò sia vero è sotto gli occhi di chiunque abbia un minimo di senso critico e spirito di osservazione.

Tuttavia prima ancora di arrivare ad essere eterno, un amore deve nascere e, soprattutto, deve essere amore. L'amore è un argomento su cui è stato scritto un universo eterogeneo, romantico e, a volte, contraddittorio di parole. Non poteva essere altrimenti poiché stiamo parlando di un sentimento molto complesso, tanto universale quanto soggettivo in grado di procurare intensa gioia e altrettanto intenso dolore.

La sua natura universale e soggettiva, espressione di massima contraddizione, ne rappresenta al contempo la bellezza e la difficoltà di condivisione. Non c'è dunque da stupirsi se, nonostante le tante parole scritte su questo sentimento, non si è mai riusciti (e probabilmente mai si riuscirà) a darne una definizione valida per tutti gli esseri umani. L'amore è mutevole. Cambia forma, intensità e addirittura significato in base a usi, costumi, cultura ed anche esperienze del singolo individuo. Basti pensare al concetto di amore che potrebbe avere un americano e quello che potrebbe avere un nigeriano o un iracheno e così via. Come si può quindi darne una definizione valida per chiunque? Probabilmente non si può. Si può però provare a definire genericamente ciò che oggi, nel XXI secolo, si potrebbe intendere con il termine amore. In questa sede ci proviamo definendo l'amore come segue.

L'amore è un sentimento profondo, istintivo e positivo che un essere umano nutre, senza volontà e senza possibilità di scelta, nei confronti di un'idea o di un altro essere vivente.

Tenendo sempre in mente che qui parliamo dell'amore di coppia, non sembra male come definizione generica. Racchiude molte delle caratteristiche proprie dell'amore: positivo, profondo e istintivo. È talmente istintivo che noi non siamo in grado di controllarlo in alcun modo: non possiamo decidere di innamorarci né decidere di smettere di amare. Inoltre l'amore non è necessariamente rivolto verso un altro essere umano. Si può amare (anche molto intensamente) un cane o un gatto o un'idea. Sono tutte valide e diverse accezioni dell'amore che lasciano intendere quanto esso sia complesso.

Una complessità acuita da innumerevoli errate interpretazioni, scaturite da background culturali molto diversi.

Uno dei più comuni errori romantici è stato quello di parlare dell'amore svincolandolo dal tempo. Ne abbiamo già parlato. Questo errore ha inculcato nella testa delle persone il fatto che un amore se è vero deve essere eterno. Le conseguenze di tale errata convinzione sono sotto gli occhi di tutti, in primis l'incapacità di accettarne la fine!

È vero che in certi miti, anche se miti, c'è quasi sempre un fondo di verità e infatti in alcuni rari, rarissimi casi, l'amore di coppia può durare una vita intera, ma non bisogna confondere la convivenza di una vita intera con l'amore di una vita intera. Molti dei genitori che adesso hanno 60 e più anni sono rimasti insieme per tutta la vita, ma quanti di loro si sono amati per lo stesso periodo di tempo? Essere stati insieme per 50 anni non significa essersi amati per 50 anni.

Lo si può ignorare, se ciò aiuta, ma l'amore, nella maggioranza dei casi, finirà. L'amore è qualcosa di straordinario, una sequenza di emozioni celestiali, forse il sentimento che più ci avvicina agli dei. Tutti dovrebbero conoscere l'amore durante la loro vita anche se, purtroppo, non sempre ciò accade. Ma nonostante queste celestiali sensazioni legate a tale divino sentimento, esso raramente dura una vita intera. E forse è stata proprio questa consapevolezza, secondo i poeti e gli scrittori troppo triste da accettare, a costringere gli uomini, nell'arco dei secoli, a tralasciare volutamente la caducità dell'amore. Troppo intenso come sentimento, troppo bello, troppo divino per poterne accettare... la fine. Nella storia degli umani, l'aver taciuto (per scelta o per errore) questa peculiarità dell'amore ha causato danni incalcolabili, guerre tra popoli, folli gelosie e altre irrazionalità senza alcun senso logico. Il tutto perché gli umani hanno letto, studiato e imparato che l'amore è eterno! Una sorta di falso storico.

Se un essere umano fosse messo a conoscenza che, oltre a tutto quello che raccontano i libri e che si sente nello stomaco e nella mente quando ci si innamora, ci potrebbe anche essere una fine, allora forse si perderebbe in parte l'essenza divina di questo sentimento, ma di certo si ridurrebbero le folli reazioni umane quando un amore finisce. Probabilmente non tutti gli umani hanno la forza di accettare serenamente una tale dura verità e forse la prima osservazione alla tesi di un amore a tempo determinato nasce dalla umana predisposizione a credere in qualcosa di poco reale ma piacevole, piuttosto che in qualcosa di reale, ma doloroso.

La prima osservazione che viene mossa a quanto finora postulato è sempre la stessa: l'amore vero (quello eterno) non cambia, non muta, non muore, altrimenti non è amore vero.

Ma questo equivarrebbe a dire che una persona che cambia, muta e muore non è una persona vera perché una persona vera non cambia, non muta e non muore!

È chiaro che siamo al di fuori del ragionevole.

L'amore è un sentimento umano e segue le vicissitudini degli umani. Ciò non è affatto poco poetico, come si vorrebbe far credere. La vita degli uomini è qualcosa di incredibile e tutto ciò che li riguarda è mirabolante, quindi lo è anche l'amore poiché appartiene alle umane peripezie. Del resto l'essere finite e limitate non ha certo impedito alle vite di alcuni nostri simili di sopravvivere ai secoli.

Eppure anche quelle splendide e straordinarie esistenze sono finite.

Pertanto bisognerebbe comprendere prima e accettare poi che l'amore può finire ed è normale che ciò avvenga. Mitizzare l'amore crea solo conseguenze negative, la prima delle quali è la non accettazione pacifica della sua fine.

A ben riflettere ci si accorge ben chiaramente che la fine dell'amore per una persona o per un'idea è assolutamente normale, è nelle cose. Non siamo forse stati tutti noi innamorati di idee e persone qualche volta in contraddizione tra loro? Non può non essere così perché se così non fosse significherebbe che noi non abbiamo imparato niente dalle nostre esperienze di vita. Non possiamo scegliere di non cambiare; questo non ci è concesso. E se noi cambiamo nell'arco della vita (e cambiamo), con noi cambiano anche i nostri gusti e i nostri costumi e con noi cambia anche il tipo di persona che ci attrae. Prima di procedere con le ovvie conseguenze di tutto ciò, è opportuno aprire una parentesi su questo concetto di "cambiamento perenne dell'essere umano". In molti, ancora oggi, credono che non si cambi, che si nasce in un certo modo e quello si resta, che, insomma, si è segnati dalla nascita! Una frase ormai consumata dalle consuetudini è la seguente: «*Quello che sei a 10 anni resti per tutta la vita*».

No.

Non è così e non lo dice un libro tra i tanti.

Qui si esula dalle idee personali, dalla filosofia e ci si immerge completamente nella scienza, precisamente nella epigenetica.

Eric Nestler è un neuro scienziato autore di un articolo sullo *Scientific American* dal titolo: "interruttori nascosti nella mente". Egli spiega come «*l'ambiente influisca effettivamente sulla genetica. È un processo che inizia dal momento del concepimento, continua per tutta la vita e, soprattutto, è interattivo*».

Una posizione peraltro largamente condivisa dalla comunità scientifica. Pertanto è anacronistico affermare che un essere umano, dopo una certa età, non cambi. Si cambia eccome! E si cambia durante tutta la vita.

Ritornando ora alle conseguenze dei cambiamenti nei gusti e nelle tendenze, risulta chiaro che tali cambiamenti si ripercuotono su tutti gli aspetti di vita dell'individuo, sentimenti compresi, amore compreso. Ciò è estremamente evidente. Pensiamo per un momento al nostro partner ideale quando avevamo 15 anni, poi 25, poi 35 e infine 45. Dobbiamo ammettere che difficilmente ciò che ci piaceva a 15 anni era uguale a ciò che ci attraeva a 35. Dunque come possiamo amare eternamente qualcuno che risponde a dei criteri che cambiano negli anni? Siamo noi a cambiare quei criteri. Siamo noi stessi a cambiare e a volte lo facciamo in modo addirittura radicale. Probabilmente dopo una certa età, molto soggettiva, il nostro naturale cambiamento nei gusti e nelle esigenze rallenta. Probabilmente quindi, dopo una certa età, è più ragionevole che ciò che ci piace rimanga più o meno immutato per molti anni. Ma noi non abbiamo alcun controllo su tutto questo perché noi cambiamo in base alle esperienze che facciamo e le esperienze che facciamo non possiamo conoscerle prima di farle né possiamo conoscere le conseguenze di tali esperienze. Insomma poiché non possiamo decidere di non cambiare, dobbiamo constatare che cambiare implica il mutamento dei gusti, delle tendenze e quindi anche degli amori. È un processo inevitabile.

Come si può quindi parlare di amore eterno riferendoci al rapporto di coppia? L'amore eterno sembra essere un retaggio di altri tempi che oggi somiglia molto ad un'utopia, a qualcosa di obsoleto e, in alcuni casi, addirittura di dannoso.

Ci sono certamente amori che possono durare molto a lungo e altri che si spengono più in fretta, ma ciò vale per la stessa vita degli umani: ci sono uomini che vivono a lungo, altri che vivono solo poche ore.

Concludendo, l'amore, inteso come amore di coppia, è un sentimento umano e, in generale, non è affatto eterno.

Questa drammatica (sotto certi aspetti) conclusione è il punto di partenza della presente dissertazione ed è foriera di un terremoto emozionale.

Pensiamo di essere in grado di affrontarlo?

L'amore di coppia non esiste

I l titolo di questo capitolo è davvero antipatico e non sarà certamente l'unica cosa antipatica. Ciò che leggeremo potrebbe davvero non piacerci.

Dopo aver appurato che l'amore non è quasi mai eterno, ci tocca affrontare un'altra tegola epica, cioè la constatazione che l'amore di coppia non è propriamente amore.

Abbiamo già visto e chiarito che noi tutti con il termine "amore" intendiamo chiaramente riferirci all'amore di coppia, ma l'amore di coppia non è precisamente amore.

I dubbi sul fatto che l'amore di coppia sia effettivamente amore nascono dalle tante (troppe) scuse che ci siamo inventati per giustificarne la fine. Appena finisce una relazione partono le onnipresenti frasi: "*non era amore vero*", "*era solo sesso*", "*non ti meritava*" e via discorrendo.

Cosa diciamo se una madre smette di amare un figlio? Restiamo muti.

Niente scuse pronte in questo caso?

Come mai alla fine di un rapporto amoroso sappiamo quasi sempre cosa dire, mentre nel caso della fine dell'amore genitoriale restiamo spaesati?

Uno dei più probabili motivi è che l'amore di coppia finisce molto più spesso dell'amore genitoriale; abbiamo quindi molta più esperienza in un caso rispetto all'altro.

Dunque l'amore di coppia finisce molto spesso.

E come mai?

Come mai due innamorati si disinnamorano mentre un genitore non smette di amare un figlio?

In realtà siamo di fronte ad una colossale confusione tra l'amore e un suo surrogato. L'amore di un genitore verso i propri figli è senza dubbio amore. L'amore di due innamorati non lo è quasi mai; di sicuro non lo è all'inizio della relazione.

Concetto troppo forte?

Parliamone.

Cosa accade quando un figlio tradisce la fiducia di un genitore? Urla, rabbia, a volte schiaffi, motorino sigillato, niente uscite serali e così via. E poi? E poi niente. Un figlio resta un figlio e i genitori continueranno ad amarlo come se nulla fosse mai accaduto.

Cosa accade quando il nostro partner ci tradisce? Urla, rabbia, a volte schiaffi e così via. E poi? E poi, quasi sempre, l'amore termina lì!

Dunque come possiamo definire "amore" un sentimento di siffatta natura? I due "amori" sono palesemente diversi, ma con buona pace della relatività, possiamo affermare che l'amore dei genitori verso i figli è amore. Amore vero e puro. Indiscutibilmente.

Come definire allora l'amore di due innamorati?

A ben riflettere possiamo affermare che quando due persone si "innamorano", cioè all'inizio della relazione, non c'è nemmeno l'ombra dell'amore! Ma proprio per niente! Due persone iniziano una relazione per una complicatissima e straordinaria sequenza di esperienze olfattive, visive, chimiche, fisiche, biologiche, elettriche e altro ancora. Insomma, quello che conosciamo come "amore", cioè l'amore di coppia, affonda le sue radici in un terreno completamente privo di amore.

L'amore di coppia sembra essere solo uno splendido inganno della natura che ha come fine quello di impedire l'estinzione della razza umana.

Osserviamolo più da vicino.

Ci si impiega davvero poco a rendersi conto che, normalmente, non ci si innamora quasi mai di una persona di 80 anni senza denti, che fa una doccia alla settimana e che produce umori e odori ben poco allettanti. E come mai? Non succede perché l'essere umano, ad una certa età, non ha più, tra i suoi scopi, quello di riprodursi.

Di solito ci si innamora tra i 15 e i 50 anni, ossia proprio nel periodo predisposto dalla natura per la riproduzione dell'essere umano. Non è un caso che siano proprio quelli gli anni in cui uomini e donne sono esteticamente più attraenti.

È dunque molto difficile definire l'amore di coppia usando la definizione generale dell'amore. L'amore di coppia in effetti non appare essere amore. È qualcosa di diverso e di più riduttivo. Appare essere più un'attrazione fisica, chimica ed elettrica finalizzata alla riproduzione e che, in genere, dura poco. Non sempre è così, del resto parlare delle umane vicende usando i termini "sempre" e "mai" porta solo guai, tuttavia molto di rado una relazione amorosa dura a lungo. Lo abbiamo già visto. È un processo naturale. Volendo dare delle cifre, la parte iniziale di una relazione amorosa, chiamata (a sproposito) "amore", dura tra i 6 e i 72 mesi (se dura meno si tratta probabilmente di "banale" passione o connubio sessuale). A ben pensarci un amore dura giusto il tempo necessario alla coppia per capire se è ragionevole mettere al mondo un figlio e a svezzarlo.

L'amore di coppia, quello straordinario insieme di sensazioni fisiche e psichiche, quello che da sempre è cantato da poeti, scrittori e artisti di ogni epoca, non sembra dunque meritare affatto la denominazione generale di "amore". Dunque parlare dell'amore, riferendosi all'amore di coppia, appare essere un'offesa per l'amore.

Ma se l'amore non è amore allora come possiamo definire quelle celestiali emozioni che si provano nella fase iniziale di una relazione?

Attrazione.

Attrazione naturale.

Attrazione elettiva.

Attrazione di vario tipo e spesso attrazioni combinate tra loro.

Potremmo anche pensare di inventare un nuovo termine, appositamente coniato. Oppure potremmo continuare ad utilizzare il termine "amore", ma a patto di farlo consapevolmente, sapendo bene di cosa stiamo parlando o, ancora, potremmo chiamare in modo diverso l'amore che un genitore prova per un figlio. Ma forse quest'ultima ipotesi è ingiusta e irriguardosa. Qualunque sia il nome che le vogliamo dare, questa attrazione tra due esseri umani che produce indescrivibili sensazioni ed emozioni, dura un tempo limitato e poi, progressivamente o istantaneamente, si spegne.

Ed è a questo punto che noi umani abbiamo dato il meglio. Infatti invece di accettare ragionevolmente questo stato di cose, ci siamo inventati fantomatiche e irragionevoli scuse per tacciare di "sbagliato" prima il rapporto e poi, se necessario, anche i partner! Poi ci siamo inventati "la crisi del settimo anno" che poi è diventata del quinto e adesso è del terzo. Insomma di scuse abbiamo riempito libri e armadi, ma abbiamo commesso un errore. A furia di inventare scuse, non ci siamo accorti che abbiamo inserito la verità nelle scuse. Infatti una delle scuse maggiormente utilizzate è "non era amore vero"!

Bingo!

Per forza non era amore vero, non poteva esserlo perché era "semplice attrazione"!

Si, però niente rassegnazione e disfattismo.

Qui sembra tutto cupo e disperato. Non è così. Non è affatto così. Non è così perché in tutto ciò c'è spazio per una buona notizia: se il rapporto di coppia dura oltre il periodo attrattivo, ci sono buone probabilità che si trasformi in amore. Quello vero. L'unico. Ma tale amore è qualcosa di diverso da ciò che intendiamo comunemente per "amore di coppia". Esso necessita di un'evoluzione per potersi trasformare in qualcosa che si avvicini al concetto di amore e non bisogna illudersi troppo: le probabilità che ciò accada sono remote. Sono remote perché l'amore, affinché sia definibile come tale e non come "banale amore di coppia", deve essere innaffiato e accudito tramite alcuni concimi senza i quali non diventerà mai adulto. Stiamo parlando di impegno e dedizione.

Impegno e dedizione.

Per far sopravvivere l'amore di coppia alla sua nascita e farlo diventare un amore adulto serve impegno. Per quanto possa apparire come un ossimoro parlare di impegno facendo riferimento a qualcosa che è stato definito come "istintivo", non abbiamo altre strade per non far morire un amore. Esattamente come è estremamente probante e impegnativo far crescere un bambino fino all'età adulta, così serve l'impegno per far crescere l'amore. E dopo che si è profuso tutto l'impegno possibile sarà necessaria anche dedizione così come intesa sul vocabolario: *il dedicarsi interamente e con spirito di sacrificio a una persona, a un'attività, a un ideale.*

Senza mai dimenticarsi di sé stessi, senza mai smettere di prendersi cura dei propri interessi, della propria salute, della propria mente e del proprio spirito, dobbiamo comunque profondere impegno e dedizione: l'amore ne ha un bisogno vitale. Soltanto così potremmo festeggiare un giorno, forse, il suo 18-esimo compleanno e vederlo partire alla vita.

Ma davvero pensiamo che due persone a vent'anni possano avere certe consapevolezze? È decisamente più ragionevole accettare il fatto che le farfalle nello stomaco, le mani sudate, i pensieri drogati e tutta una serie di reazioni elettriche e chimiche che si scatenano dentro di noi quando ci innamoriamo non siano strettamente legate all'amore. Almeno non all'idea che troviamo comunemente incisa dentro di noi.

I motivi per cui possiamo amare compiutamente una persona non possono essere presenti a vent'anni perché a quell'età crediamo che sia amore quell'insieme di reazioni elettriche e chimiche che, per natura, vengono scatenate. Servono princìpi etici, morali, culturali. Serve una stima profonda e convinta. Servono motivazioni profonde che vanno ben oltre le mani, il sesso, le carezze. Siamo ad un altro livello. Una persona a vent'anni è soltanto l'embrione di ciò che sarà a quaranta.

Insomma pare proprio che l'amore di coppia per come lo intendiamo... non esista. Torneremo su questo punto nell'ultimo capitolo.

Ora pare opportuno potrebbe intraprendere una piccola riflessione su un modo di pensare e di agire molto diffuso tra alcune donne, le quali (al netto delle perbeniste e delle ipocrite) usano comunemente il seguente modo di agire: "*se non sono innamorata non ci vado a letto*".

Ora, dopo tutto quello che abbiamo letto, di grazia, come può pensare una donna di innamorarsi di un'altra persona prima di andarci a letto? Il tempo dell'amore, se verrà, verrà molto, molto tempo dopo quello dell'attrazione; senza vivere il tempo dell'attrazione non si potrà mai giungere verso quello dell'amore. Ma come si può pensare di vivere il tempo dell'attrazione senza fare l'amore?

Queste donne confondono allegramente l'attrazione con l'amore. Una confusione che può costare molto cara.

Cambiare l'idea che abbiamo sull'amore di coppia ha delle ripercussioni molto importanti perché, guardando la stessa cosa da punti di vista diversi, si ottengono conseguenze altrettanto diverse. Molto di quello che ci sembra "normale" e scontato diventa molto meno normale. Se infatti accettiamo l'idea che l'amore di coppia è in realtà quasi sempre riconducibile all'attrazione naturale, dobbiamo necessariamente accettare l'idea che non può durare a lungo, figuriamoci per sempre. Un modo di parlare, un modo di camminare, un profumo, un modo di sorridere, sono centinaia i fattori che possono scatenare l'amore. Ed essendo così tanti questi fattori è chiaro che si possono combinare in infiniti modi e si possono scatenare senza preavviso. Insomma ci possiamo innamorare in ogni momento e possiamo farlo di persone molto diverse tra loro. Purtroppo questa chiara evidenza è negata dalla cultura imperante. Devi dire "si" e devi dirlo ad una sola persona per tutta la vita. Ecco un modo abbastanza sicuro per rendere infelice un essere umano.

In realtà, l'amore di coppia, per come lo abbiamo conosciuto e imparato sui libri, sembra non essere realistico. È stato necessario un tempo, come detto all'inizio, per mantenere un certo ordine all'interno della comunità, ma oggi quel tipo di comunità non esiste più. Dunque ci ritroviamo con un concetto di amore completamente anacronistico e innaturale (rispetto al tempo in cui si vive) che ha come diretta conseguenza l'infelicità degli esseri umani e, paradossalmente, la destabilizzazione della società.

Se insistiamo nel vedere l'amore di coppia come qualcosa di eterno, semplicemente innaffiamo la pianta dell'infelicità. Se insistiamo nel vedere l'amore di coppia come amore verso un'unica persona, insistiamo a innaffiare la pianta della gelosia. Non c'è una sola conseguenza positiva nel perseguire ciò che ci hanno insegnato, nel proseguire a vedere l'amore come qualcosa di diverso da quello che è. Certamente è molto difficile modificare abitudini, consuetudini e imposizioni durate migliaia di anni, ma la ragione ci può aiutare a comprendere che è assolutamente ragionevole e auspicabile farlo.

Si, ok, tutto chiaro, ma perché impegnarsi così tanto in un rapporto se poi, alla fine, l'amore, in un modo o nell'altro, è destinato a finire?

Poniamoci un'altra domanda: perché alzarsi la mattina, mangiare, andare a lavorare, crescere un figlio, comprare una casa se poi, alla fine, la vita è destinata a finire?

Il matrimonio? Da abolire

S e l'amore non è eterno, cioè non dura una vita intera (e molto spesso non è neanche amore), allora perché ci facciamo promesse d'amore eterno e le facciamo davanti alla legge di Dio e dello Stato?

Eh già!

Proprio una bella domanda.

Sappiamo per certo che non ci è concesso promettere amore eterno perché non possiamo controllare l'amore. Esso nasce, cresce e muore fuori dal nostro controllo. Dunque come possiamo promettere di conservare in eterno qualcosa di cui non abbiamo il controllo?

La teatrale risposta fa ormai capolino in tutte le menti ragionevoli: non possiamo!

Eppure lo facciamo.

Perché?

Perché il matrimonio non serve a sancire un amore; non serve nessuna firma per sancire un amore. Il matrimonio serve esclusivamente a stipulare un contratto che vincola due persone all'aiuto reciproco eterno. È una sorta di contratto di mutuo soccorso e, probabilmente, se fosse presentato in questi termini fallirebbe molto meno spesso di quanto invece non accada.

Non c'è nessuna promessa di amore eterno dietro un matrimonio e del resto non può esserci. Un matrimonio è soltanto un insieme di meri obblighi a cui ci vincoliamo, ma che, negli ultimi anni, non abbiamo più alcuna voglia di onorare soprattutto perché abbiamo ancora in testa l'idea in base alla quale il matrimonio è legato all'amore. Non lo è mai stato e ultimamente questo falso legame si è palesato. Ecco perché oggi, in occidente, il matrimonio è un concetto obsoleto e, nella sua attuale definizione, andrebbe abolito.

Come se non bastasse a questa evidente discrepanza tra ciò che pensiamo del matrimonio e ciò che sperimentiamo giornalmente, si aggiungono anche errori di valutazione che concorrono a minare la stabilità di un matrimonio. Molto spesso infatti si commette un errore nell'errore: sposare la bellezza fisica senza sposare il resto. Una tragedia! La bellezza è un dono effimero che decadrà molto in fretta. La bellezza si può adorare, adulare, desiderare, ma sposarla è un ossimoro: il matrimonio dovrebbe essere "per sempre", la bellezza è... per 20 anni... forse. Dunque sposare la bellezza equivale ad avere la certezza del fallimento del matrimonio. Eppure in molti hanno commesso, commettono e commetteranno tale errore.

E non è finita qui.

Facciamo un passo indietro. Un passo lungo duemila anni.

Il termine matrimonio deriva dal latino, dall'unione di due parole, *mater*, madre, genitrice e *munus*, compito, dovere. Nel diritto romano il *matrimonium* era un "compito della madre", intendendosi il matrimonio come un legame che rendeva legittimi i figli nati dall'unione. Analogamente la parola *patrimonium* indicava il "compito del padre", ossia provvedere al sostentamento della famiglia, procacciare il cibo o i soldi per vivere.

È evidente che oggi questi termini non hanno più alcuna attinenza con la realtà. La donna è ormai emancipata, volendo può lavorare e quindi procacciarsi da sola "il cibo o i soldi per vivere". Pertanto la stessa derivazione etimologica del matrimonio è venuta a mancare. Si può ovviamente discutere sul fatto che l'emancipazione femminile sia stata eccessiva, ma non si può discutere che questi siano i fatti e i fatti dicono che oggi matrimonio e patrimonio non sono più, rispettivamente, "compito della madre" e "compito del padre". Insomma anche il termine stesso matrimonio (così come patrimonio) è obsoleto. Eppure... il matrimonio è ancora lì, immutato! Come possiamo meravigliarci se poi non funziona?

Nella nostra storia ci siamo imposti tante regole, alcune anche contro natura. Molte sono assolutamente sagge, basti pensare alla regola di non uccidere un nostro simile, una regola contro la nostra natura, ma che ha avuto risvolti estremamente positivi nella nostra storia. Tuttavia la regola in base alla quale il matrimonio debba essere "per sempre" non ha più alcun beneficio reale, anzi crea forti frizioni sociali perché, obbligando due persone a restare insieme contro la loro volontà, rende aspri i loro rapporti e trasporta nei figli un forte senso di insofferenza che certamente non avrà conseguenze sociali positive, oltre ai danni soggettivi che subiranno i figli stessi. Senza dubbio il matrimonio, nel periodo in cui è stato istituito, aveva un senso, ma da molto tempo ormai non ne ha più alcuno.

Ecco perché, nell'accezione attuale, dovrebbe essere abolito.

La famiglia? Da riformare

Alla luce di quanto ci siamo detti nel capitolo precedente non può non venire spontanea la domanda: come si crea una famiglia senza matrimonio?

Casa, padre, madre, matrimonio, figli. È questa la forma di famiglia che ci risulta più naturale ed è il matrimonio che ne valida l'esistenza. Ma se è vero quello che ci siamo detti e quindi se è vero che il matrimonio è un insieme di regole vetuste, allora cosa diventa una famiglia senza matrimonio? Facciamo fatica a vedere la famiglia diversamente da quello che è stata per migliaia di anni, ma se riflettiamo un momento ci accorgiamo che da tanti anni si parla di "famiglia allargata" e non è una malattia. La serenità nei rapporti tra esseri umani adulti è ciò che renderà felici i frutti di tali unioni.

Se accettiamo l'assunto in base al quale una persona è naturalmente indotta ad avere più partner e più figli da partner diversi, allora cosa è la famiglia?

Se pensiamo con la mente sgombra da preconcetti non possiamo che giungere ad una nuova idea di famiglia che diventa una squadra di uomini, donne e figli in cui tutti aiutano tutti nel rispetto delle rispettive prerogative: famiglia allargata. A ben rifletterci le potenzialità di una tale forma di famiglia sono ben superiori a quelle della famiglia classica perché la molteplicità dei componenti ne espande le potenzialità di intervento e di aiuto. Forse non siamo ancora pronti a questo tipo di famiglia, ma il processo è inesorabile ed è stato innescato dalla donna negli anni '60 dello scorso secolo.

Anche l'idea diffusa in base alla quale se sei un uomo e fai l'amore con una donna diversa ogni mese sei un "Don Giovanni", mentre se sei una donna e fai l'amore con un uomo diverso ogni mese sei una troia... è destinata a morire! Le donne, le nostre madri, l'arma più potente degli esseri umani, coloro che la natura ha adibito alla preservazione della specie, si sono emancipate, rompendo equilibri (fasulli) imposti più o meno implicitamente per migliaia di anni.

Tutto è cambiato e la direzione presa non è invertibile perché è contestualizzata e l'attuale contesto non è più quello rimasto valido per migliaia di anni. Per questo motivo gli anni che stiamo vivendo sono anni estremamente delicati. Il maschio non è stato in grado di adeguarsi in soli 50 anni al cambiamento di consuetudini millenarie. Il processo innescato dalla donna è stato troppo rapido. Del resto, nel secolo scorso, tutto ha accelerato in modo impressionante.

La famiglia non deve più essere legata al concetto di matrimonio. Non ci sono alternative. Gli Stati e le religioni dovranno adeguarsi, ma è importante farlo senza causare traumi nella società vigente.

Tuttavia prima dello Stato e della religione dobbiamo essere noi stessi ad adeguarci. Infatti è tale mancato adeguamento a causare molti dei problemi che stiamo vivendo in questi ultimi anni. Se non accettiamo il nuovo ordine delle cose è necessario riflettere con estrema attenzione prima di stringere rapporti troppo stretti con gli altri. Se non siamo in grado di accettare l'idea che il nostro partner possa andar via da noi e che, anzi, è molto probabile che ciò avvenga, forse non è opportuno avere un partner. Ci faremo del male, tanto e, in presenza di figli, danneggeremo pesantemente anche loro.

Dobbiamo coltivare il rispetto totale e la tolleranza più estrema. Dobbiamo convincerci che se il partner sceglie di andare dobbiamo lasciarlo libero di andare e di vivere tutte le esperienze che ritiene opportuno. Lo dobbiamo fare perché il partner potremmo essere noi. Potremmo essere noi a sentire la necessità di andare e sono certo che non ci piacerebbe essere condannati o perseguitati dalla persona che per mesi o per anni ha condiviso tutto con noi. Riflettiamo con estrema attenzione su questo punto. Riflettiamoci prima di farci del male e di rendere infelici noi e gli altri.

Il sesso? Ancora un problema

E h già!
Rivoluzioni culturali, lotte, manganellate,
arresti, decenni di battaglie eppure il sesso
è ancora un problema. C'è poco da fare.

Ma perché?

Fare l'amore è probabilmente una delle cose più belle
della vita. Forse la più bella in assoluto. Invece,
ancora oggi nel XXI secolo, la cronica ipocrisia
imperante riesce a rendere tutto molto complicato.

L'ignoranza sull'argomento è causata, quasi sempre,
dalla vergogna non tanto dei ragazzi quanto degli
adulti!

Ecco una delle motivazioni fondanti dei guai con il
sesso. Di sesso si parla solo con i coetanei. Dai 13 ai

18 anni le uniche fonti di sapienza su questo argomento sono gli amici o le amiche più grandi o, peggio, Internet. È una follia allo stato puro! Dove sono gli insegnanti di vita e di cultura? Ossia dove sono i genitori e i professori? Non è assolutamente ammissibile ricoprire di silenzio le naturali domande che un adolescente si pone sul sesso. Non è ammissibile il silenzio sull'autoerotismo. Non è ammissibile l'assenza di una guida nell'approccio al sesso e a tutto l'universo che gli ruota attorno. Non si può lasciare un figlio allo sbando su Internet alla ricerca di informazioni che possono essere recuperate in casa o a scuola in modo molto più sano. Un ragazzo che va su Internet a cercare informazioni sarà pur nato in qualche modo. Non sarà mica nato sotto un cavolo né l'avrà portato la cicogna. Insomma, avranno pur fatto l'amore i suoi genitori per concepirlo. Dunque i genitori sapranno pur qualcosa di certi argomenti. Il silenzio sul sesso è un peso insostenibile per una società evoluta. Ancora nel 2023 nelle scuole non se ne parla. Le ragazze spesso non conoscono neanche il proprio organo genitale. Figuriamoci quale conoscenza avranno dell'organo genitale maschile. Per non parlare delle squallide conoscenze che accumulano i ragazzi. Una situazione al limite della decenza civile.

Conoscere scientificamente le zone erogene e sapere che far l'amore è la cosa più naturale e più piacevole del mondo dovrebbe essere la base comune di partenza. Invece c'è il nulla! Nel 2023 c'è ancora il nulla! A livello educativo viviamo tuttora tra spose e puttane, brav'uomini e stronzi, distinzioni che sono tra le cause fondanti delle difficoltà di rapporti tra i due sessi.

E non si accampino, per favore, disdicevoli scuse come il fatto che "svelare quali siano le zone più sensibili dei rispettivi organi genitali toglie la magia della scoperta". Potrebbe essere utile sapere cosa pensa di tale posizione culturale un ragazzo quando si ritrova il glande graffiato dalle unghie della sua partner o una ragazza che perde la verginità con la delicatezza di un elefante.

In tutto questo colpevole silenzio, come ci si può meravigliare se il sesso è ancora un problema? Eppure la cura per uscire da questa situazione è evidente: comunicare.

È mai possibile che non si riesca a comunicare?

Siamo nell'epoca della comunicazione globale, ma siamo globalmente disinformati sul sesso. Un vero ossimoro. E in tutta questa mancanza di informazione potrebbe non essere riduttivo indicare l'uomo, il maschio, come maggiore responsabile della situazione. L'uomo, infatti, un po' volontariamente e un po' involontariamente, tende a frenare l'irreversibile processo di emancipazione femminile che è alla base di questo subbuglio emotivo e conoscitivo. Il sesso dominante è restio a cedere il predominio e cerca pertanto in tutti i modi di rallentare il processo.

Tuttavia, a ben vedere, sono pochi gli uomini che agiscono con razionalità, cioè che hanno compreso perfettamente il cammino intrapreso dalla società e deliberatamente lo ostacolano. La maggioranza degli uomini tende a frenare il processo perché ha semplicemente paura. Paura di un percorso che non conosce e le cui conseguenze teme di non poter sopportare. La strada per poter vincere questa paura è sempre la stessa: comunicare. Comunicare innanzitutto con sé stessi per capire quali siano i propri orizzonti. Poi comunicare con il partner, senza pregiudizi e senza vergogne (per carità!), per comprendere quali siano i suoi orizzonti. Infine, confrontare gli orizzonti con il fine di costruirne uno comune.

Tutto ciò è assolutamente necessario. Ma l'uomo ha paura e vive il sesso in profonda e dimostrabile contraddizione.

Ad esempio un uomo, mediamente, è ben convinto che ci sia una profonda differenza tra una pornostar e la propria compagna e ciò, con buone probabilità, renderà sessualmente infelice la compagna (con conseguenti plausibili tradimenti) e renderà altrettanto insoddisfatto egli stesso. Ciò deriva dal fatto che la nostra mente è irretita da stereotipi vecchi di secoli dai quali sarebbe quanto mai salutare liberarsi.

Proviamo a seguire questo ragionamento.

Perché mai i maschietti si eccitano e si masturbano guardando una pornostar fare l'amore in piena luce, con decine di telecamere che consentono di osservare la sua voluttà nei minimi dettagli e poi tiene le luci spente mentre fa l'amore con la propria compagna? Ci siamo mai posti questa domanda?

E poi perché, sempre mediamente parlando, agli uomini piace tanto guardare i film porno, ma difficilmente lo guardano insieme alla compagna? Questo atteggiamento è sintomatico. Difficilmente un uomo chiede alla compagna di guardare insieme un certo tipo di film. Eppure se lo facesse potrebbe scoprire che una donna sottoposta agli stessi stimoli visivi dell'uomo, reagisce in modo incredibilmente simile agli uomini: si eccita!

Fantasmagorica scoperta!

In verità c'è una sola reale differenza tra una pornostar e la propria compagna: una porno star, nell'arco della sua carriera, farà l'amore (sesso, se si preferisce) con centinaia di uomini e lo farà anche per soldi, la propria compagna probabilmente si concederà a un numero molto inferiore di uomini e, altrettanto probabilmente, lo farà gratis.

Fine delle reali differenze.

Ma, giacché ci siamo, andiamo oltre.

Abbiamo appena asserito che l'uomo, mediamente, si eccita guardando un film a luci rosse. Ma perché se tutto quello che guarda lo eccita, poi non lo realizza nella propria vita sessuale? Insomma perché non lo mette in pratica con la propria compagna? Un altro atteggiamento sintomatico.

Ormai dovrebbe essere chiaro: quando si parla di sesso è auspicabile provare a fare ciò che ci piace fare, nei modi giusti, con estremo rispetto delle altrui sensibilità e con intelligenza. Se lo facessimo vivremmo una vita sessuale più appagante e scopriremmo la parte hard del partner; una parte che aspetta solo di essere scoperta e... accolta. I limiti dentro cui muoversi sono interni alla coppia, non esterni, non dettati da luoghi comuni i quali coltivano e concimano l'infelicità. Ricordiamoci che se siamo infelici siamo più facilmente manipolabili. Se invece siamo felici... ogni cattiveria subita ci scivola addosso e i nostri ragionamenti sono più lucidi.

Comunicazione. Rispetto. Collaborazione. Solidarietà. Con questi pilastri costruiamo il sesso all'interno della coppia e rammentiamoci che non esiste il completamente giusto come non esiste il completamente sbagliato, quindi non abbiamo assolutamente ragione e non abbiamo assolutamente torto, ancor più quando si parla di certi argomenti.

Molti anni fa un famoso cantautore italiano cantava: *«scopare bene, scopare bene, questa è la prima cosa!»*. Iniziamo da qui e procediamo con estremo rispetto. Tutto sarà migliore...

Le donne sono tutte puttane

D ieci... cento... mille... quante?
Quante volte abbiamo ascoltato, pensato o pronunciato la frase che da il titolo a questo capitolo?

La maggior parte delle volte la frase ha un'accezione negativa, quasi dispregiativa ed è pronunciata da un uomo. Trascuriamo per un momento una dissertazione sul fatto che la frase possa o meno essere veritiera e concentriamoci invece sul tono con cui, in genere, viene pronunciata. Un tono aggressivo, spesso rabbioso, di certo volutamente offensivo.

Dunque l'uomo vuole offendere la donna! E lo fa generalizzando, associando l'essere femminile nel suo complesso all'antica arte della prostituzione.

Perché?

La risposta appare fin troppo semplice: colui che intende offendere le donne usando tale espressione è un uomo ferito o un uomo che cerca di consolare un uomo ferito.

In sostanza una sorta di "mal comune, mezzo gaudio". Affermando che le donne son tutte puttane si cerca di lenire il dolore che il graffio di una donna ha procurato sul cuore o, meglio dire, sull'orgoglio (come abbiamo visto).

Insomma, se hai saputo che la tua donna ti ha tradito non ti devi struggere più di tanto perché le donne sono tutte puttane ed è quindi normale che si comportino in un certo modo.

Il tentativo è quello di offenderle tutte per non lasciare spazio né alla sfortuna né alla propria colpevolezza. La tua donna non ti ha tradito perché hai mancato in qualcosa né perché sei stato sfortunato, lo ha fatto semplicemente perché... è donna.

Non bisogna meravigliarsi se questo maldestro tentativo di lenire la ferita funzioni abbastanza male. I motivi del cattivo funzionamento sono lampanti. Primo fra tutti il fatto che anche madre e sorelle dello sfortunato sono donne e quindi sarebbero anch'esse puttane, asserzione che, in genere, scatena l'ira dello sfortunato. Ma c'è dell'altro ed è sempre frutto dei millenni di storia che ci perseguitano: l'uomo è abituato a tradire e (in casi estremi) a chiedere perdono, ma non è abituato ad essere tradito! Per millenni ha infilato il proprio organo genitale in ogni luogo più o meno ospitale ed ha castigato, anche con punizioni estreme, le donne che tenevano lo stesso atteggiamento. Questa è la radice della ferita che conduce poi al tentativo di offesa: oggi l'uomo non può più imporre una punizione alla donna traditrice e quindi non ha più armi da usare per difendersi da tale evenienza. Ricorre dunque all'offesa verbale come estremo tentativo di difesa.

Volendo concludere in modo crudele questa nostra iniziale riflessione, potremmo dire che tale atteggiamento verbale dell'uomo è la cristallina manifestazione dell'attuale debolezza maschile nei confronti della donna.

Del resto, se si cancella la parte offensiva e dispregiativa dalla frase incriminata, possiamo analizzarne il contenuto veritiero.

Ossia, se non abbiamo un intento offensivo e proferiamo una tale affermazione quanta parte di verità stiamo pronunciando?

La prima cosa da fare, in questo caso, è cercare di capire cosa si intende con il termine "puttana".

Ignoriamo le timide definizioni dei dizionari e cerchiamo di indagare cosa recepisce un italiano quando sente il termine "puttana".

Potrebbe essere ragionevole affermare che, nell'immaginario collettivo italiano, *una puttana è una donna che fa l'amore sia a pagamento sia gratuitamente, ma che, in ogni caso, lo fa volontariamente, per puro piacere e lo fa con un numero cospicuo di persone oppure lo fa con un uomo che non è il suo partner.*

Si, è molto probabile che in questa definizione rientri buona parte del significato che viene associato al termine in oggetto.

Ma... un momento. Non è che per caso questa definizione ricopre una gran numero di donne?

Una donna che fa l'amore gratuitamente, con un numero cospicuo di persone è... una donna qualunque. Infatti, secondo il CESIS (indagine Censis, 2019, *"Rapporto censis-bayer sui nuovi comportamenti sessuali degli italiani"*), sono 2,8 milioni i giovani italiani che hanno avuto rapporti sessuali con più di dieci partner nella vita. Gli italiani tra i 15 e i 50 anni fanno l'amore in media 122 volte l'anno e, entro i 50 anni, conoscono una media di 18 partner sessuali, di cui alcuni "in contemporanea".

Insomma se andiamo a scavare nei dati scientifici e statistici che abbiamo a disposizione e li confrontiamo con la definizione di "puttana" che abbiamo dato poche righe addietro viene fuori che la stragrande maggioranza delle donne sono puttane.

Non solo.

È dimostrato che il piacere che la donna prova durante l'atto sessuale è più intenso e più duraturo di quello provato dall'uomo. È anche dimostrato che l'approccio al sesso è affrontato in modo diverso dai due sessi. Si potrebbe banalizzare il tutto affermando che durante un rapporto sessuale l'uomo vuole possedere, la donna vuole godere. È una banalizzazione, ma contiene molta verità. Ed è da questa verità che bisognerebbe ripartire per evitare frasi offensive, bigotterie varie e disastri amorosi. L'uomo deve accettare il fatto che alla donna piace fare l'amore almeno quanto piace a lui (e, anzi, quasi certamente di più) e che quindi il privilegio che per millenni lo ha visto protagonista del tradimento senza poter essere ricambiato con la stessa moneta, non esiste più. Né è sufficiente non tradire per garantirsi lo stesso trattamento.

Insomma, se per millenni è stato l'uomo a fare la "puttana", adesso è venuto il tempo in cui è la donna a volerlo fare e l'uomo può soltanto adeguarsi.

Gli uomini sono tutti stronzi

S e l'uomo deve leccarsi le ferite procurate dall'emancipazione femminile, la donna è bravissima a complicarsi la vita.

Quando una donna pronuncia la frase che da il titolo a questo capitolo, non lo fa certo per fare i complimenti all'altro sesso. Esattamente come fanno i maschietti, la donna generalizza l'offesa e lo fa anche con diverse varianti della stessa espressione, come ad esempio "gli uomini sono tutti uguali" oppure "gli uomini sono tutti bastardi".

Un universo sterminato di complimenti. Amore.

Eppure, in alcuni contesti, donne e uomini somigliano più di quanto ci si aspetti. Infatti così come gli uomini vengono indotti dall'orgoglio a proferire frasi offensive, anche le donne subiscono la stessa sorte. È difatti l'orgoglio a causare le reazioni verbali femminili. Tuttavia l'orgoglio "felino", tipico della donna, è ben più feroce di quello maschile e per questo, quando si ferisce una donna nell'orgoglio, essa diventa rabbiosa, graffiante, sprezzante e anche un po' pericolosa perché può fare molto male.

Ma cosa intendono dire le donne quando affermano che gli uomini sono tutti stronzi?

Uno "stronzo" è sinonimo di cacca o di feci, ma ciò non ci aiuta a risalire alla reale ingiuria che questa frase manifesta; né ci aiutano le bonarie definizioni del dizionario. Per tentare di infiltrarci nell'immaginario collettivo, ossia in ciò che un italiano pensa quando sente la frase in oggetto, dobbiamo fare un discorso più ampio.

Innanzitutto l'espressione intende quasi sempre evidenziare e condannare un comportamento sessuale del maschio. In particolare vuole sottolineare come l'uomo, alla fine, nonostante parole e promesse, da una donna voglia soltanto sesso. Non sempre l'accusa è così esplicita, ma molto spesso l'intendimento è esattamente questo.

Dunque la frase in questione ha come fine ultimo quello di accusare gli uomini di promettere falsamente amore eterno e di dispensare complimenti e moine con l'unico fine di portare a letto la donna fatta oggetto di tali promesse o complimenti.

Nulla di più vero!

Per la stragrande maggioranza degli uomini è esattamente così e non potrebbe essere diversamente visto che se un uomo si avvicinasse ad una donna chiedendole più o meno espressamente di fare sesso, avrebbe scarsissime possibilità di ottenere il risultato voluto. E anche questo è normale essendo noto che "l'attrazione sessuale immediata" scoppia molto raramente e se ciò non accade non ci si può fare niente. Dunque nel caso in cui il fuoco del sesso non si accenda immediatamente, l'uomo, da stronzo quale è, cerca di usare l'altra via per arrivare tra le gambe di una donna, la via della storia seria o delle serie intenzioni. Il bel sorriso, il profumo inebriante, gli occhi da cerbiatta e tutta una sequenza di "maschili stronzate" vengono sciorinate come fossero versetti del vangelo con l'unico scopo di scardinare la resistenza della donna.

Purtroppo per la donna, da questo giochetto infernale non sembra esserci via d'uscita. Infatti scopare senza troppi giri di parole è qualcosa che si può fare solo raramente, ossia solo quando si accende quel fuoco ardente che impone qualcosa del tipo "sesso e subito". In tutti gli altri casi, di scopare subito non se ne parla nemmeno. Diventa quindi necessario seguire la strada più lunga, la quale, una volta intrapresa, conduce inevitabilmente ad uno dei due seguenti risultati:

- un rapporto d'amore duraturo
- un più probabile "gli uomini sono tutti stronzi!".

Nessuna via di fuga.

Del resto storicamente le donne conoscono molto bene gli uomini e sanno che, mediamente, essi vanno spesso in giro a cercare calore; lo sanno perché sono loro stesse che glielo offrono. Quindi l'idea dell'uomo stronzo è latente per tutta la vita della donna e si manifesta allorquando si coglie l'uomo... in fallo.

A guardala in questo modo, tutta la faccenda amorosa che unisce due persone può far sorridere. In fondo è anche giusto così: si tratta di un'antica commedia.

Ma così come le donne non sono tutte puttane, se l'accezione che si vuole dare a tale affermazione è offensiva, alla stessa stregua gli uomini non sono tutti stronzi. Vale una famosa e utilissima regola per interpretare le vicissitudini degli umani: la regola dell'ottanta-venti. Un'affermazione è mediamente vera nell'ottanta percento dei casi e falsa per il restante venti percento.

L'amore di coppia è un argomento molto complesso.

Questo piccolo libretto però cela una sorpresa. Inaspettata, forse. O forse no.

Si trova nell'ultimo capitolo, come ogni giallo che si rispetti.

Ah, questo non è un giallo?

Non sono così sicuro che l'Amore, in fondo, non sia un giallo pieno di colpi di scena e di azioni insospettabili. Del resto il prossimo capitolo potrebbe dare un segnale proprio in questo senso...

Siamo pronti a maledire lo scrittore e noi stessi che abbiamo speso i nostri denari per acquistare il presente libretto?

Forza!

Andiamo!

Amore e innamoramento

A vete presente tutto quello che ci siamo detti fino a questo momento?

Razionale, logico, lineare, magari condivisibile.

Peccato che, tranne in piccolo momento di apposita trasgressione, in tutte le parole scritte fino a questo momento non si sia mai davvero parlato di... Amore.

Eh già!

Colpo di scena!

Ciò di cui abbiamo parlato fino a questo momento si chiama con un altro nome. Il suo nome è innamoramento.

Cosa distingue l'Amore dall'innamoramento?

Facile: l'istinto!

L'Amore non è istintivo.

L'Amore si basa su stima e rispetto.

La stima e il rispetto nascono con il tempo, molto tempo. Per stimare e rispettare un essere umano bisogna conoscerlo nel profondo, bisogna osservarne le azioni, bisogna analizzarne le evidenze, la vita vissuta.

Come si comporta quella persona quando si trova davanti al bivio tra ciò che le interessa fare e ciò è giusto fare? Quale strada segue? Per saperlo servono eventi di vita che mostrino i comportamenti reali di tale persona, raccontino dei suoi princìpi, dei suoi ideali. Ma gli eventi di vita che svelano tali informazioni si manifestano nel tempo...

E quindi?

Quindi tutto quello che ci siamo detti nelle pagine precedenti è stato detto per rappresentare ciò che i matematici chiamano "*dimostrazione per assurdo*". Si assume per vera un'ipotesi sbagliata e si dimostra che, seguendo tale ipotesi, vale il suo opposto.

In questa sede l'ipotesi assurda è stata quella di ipotizzare l'Amore come qualcosa di istintivo. Non è così. Per niente.

Tuttavia l'istinto è ciò che, in genere, governa l'agire e il vivere dei giovani esseri umani.

Ecco perché - come abbiamo accennato nell'unico momento di trasgressione, qualche pagina addietro - a vent'anni sarà molto difficile che si possa comprendere e vivere l'Amore. Magari a trenta potrebbe diventare più comprensibile. Infine intorno ai quaranta, se il bambino che è in noi è sopravvissuto, potremo forse comprendere cosa è l'Amore.

E l'Amore è impegno, è dedizione, è stima, è rispetto.

Tutte caratteristiche lontane dall'istinto.

Caratteristiche che crescono e si nutrono nel tempo.

Abbiamo letto un intero libro per comprendere cosa l'Amore non è, cosa si cela dietro ragionamenti apparentemente razionali e condivisibili.

Abbiamo letto un intero libro affinché si possa giungere alla conclusione che, per vivere una vita vissuta e per vivere l'Amore, è opportuno ragionare con la propria testa, ascoltare sé stessi, comprendere cosa dentro di noi è vero e cosa vero non è.

Non basta che un ragionamento sia convincente, emozionante, razionale, lucido...

Non basta.

Non deve bastare.

Bisogna ascoltare noi stessi.

La verità, la nostra verità è scritta dentro ognuno di noi. Nostro compito è scoprirla e tutelarla. Ad ogni costo!

L'augurio, in conclusione di questa "follia del ragionamento", è che questi capitoli siano serviti o possano servire a riconoscere e rispettare noi stessi, ciò in cui crediamo, ciò che percepiamo, senza farci innestare ragionamenti da noi non condivisi, seppur apparentemente logici e condivisibili.

Ok, va bene, ma adesso parliamo dell'Amore?

Davvero credi servano altre parole sull'argomento, oltre quelle scritte in quest'ultimo capitolo?

Buon Amore a tutti.

Sommario

www.ingramcontent.com/pod-product-compliance
Lightning Source LLC
Chambersburg PA
CBHW050506290526
45786CB00006B/2457